ANALIZA KSIĄŻKI

AF131757

Pustynia Tatarów

· · · · · · · · · · · · · · · · ·

Dino Buzzati

ANALIZA KSIĄŻKI

Napisany przez Dominique Coutant-Defer
Przetłumaczony przez Kâmil Kowalski

Pustynia Tatarów

Dino Buzzati

DINO BUZZATI

WŁOSKI PISARZ, DZIENNIKARZ I MALARZ

- **Urodził się w Belluno w 1906 roku.**
- **Zmarł w Mediolanie w 1972 roku.**
- **Godne uwagi prace:**
  - *Pustynia Tatarów* (1940), powieść
  - *I sette messaggeri* ("Siedmiu posłańców", 1942), zbiór opowiadań
  - *Il colombre* (1966), zbiór opowiadań

Dino Buzzati urodził się we Włoszech w 1906 roku i początkowo rozpoczął karierę dziennikarską, pracując dla włoskiej gazety *Corriere della Sera* i pełniąc funkcję korespondenta wojennego podczas II wojny światowej. Równolegle do tego zajął się literaturą i zaczął pisać powieści, między innymi *Bàrnabo delle montagne* i *A Love Affair*. W 1940 r. opublikował swoje arcydzieło *Pustynia Tatarów,* które odniosło natychmiastowy sukces na skalę światową. Pisał również wiele opowiadań i nowel, poruszając się zarówno w gatunku realizmu, jak i fantastyki. Jego najsłynniejszy zbiór opowiadań, *Il colombre*, składa się z nie mniej niż 50 opowiadań. Jego prace mają zwykle pesymistyczny charakter i często koncentrują się na tematach złudzeń i śmierci w uniwersum, w którym codzienne życie zmienia się w dziwne i niepokojące pod wpływem nadprzyrodzonych zjawisk.

Dziś Buzzati uważany jest za jednego z największych włoskich pisarzy swojego pokolenia. Zmarł w 1972 roku.

PUSTYNIA TATARÓW

WYJĄTKOWO WIELKA POWIEŚĆ

- **Gatunek:** powieść

- **Wydanie referencyjne:** Buzzati, D. (2007) *The Tartar Steppe*. Trans. Hood, S. C. Edinburgh: Canongate.

- **Pierwsze wydanie:** 1940

- **Tematy:** nadzieja, czekanie, czas, inwazja, rutyna, śmierć

Pustynia Tatarów została po raz pierwszy wydana po włosku w 1940 roku i została okrzyknięta przez krytyków "wyjątkowo wielką powieścią", która oferuje "dramatyczne, pełne pasji badanie sensu życia i nieuchronności ludzkiego przeznaczenia". Powieść opowiada dziwną historię młodego porucznika Giovanniego Drogo, który zostaje przydzielony do złowrogiego Fortu Bastiani, znajdującego się na granicy Północnego Królestwa na tajemniczej pustyni, która wiruje we mgle, i który ma być rzekomo celem ataku Tatarów. Przez całą opowieść Drogo jest rozdarty między dwoma przeciwstawnymi pragnieniami: opuszczenia tego przygnębiającego otoczenia i ostatecznego stawienia czoła najeźdźcom. W końcu spędza 30 lat w Forcie Bastiani, czekając na coś, co ostatecznie przychodzi za późno.

PODSUMOWANIE

Porucznik Giovanni Drogo zostaje oddelegowany do Fortu Bastiani, który strzeże granicy z tatarskim stepem, choć nikt nie wie, czy Tatarzy kiedykolwiek postawili tam stopę. Wiąże duże nadzieje z nowym życiem, które rozpoczyna i które ma być wypełnione chwałą. Mimo to czuje "niejasne przeczucie, jakby miał wyruszyć w podróż bez powrotu" (s. 3).

Z trudem odnajdując fort na jego odizolowanym, skalistym cyplu, spotyka kapitana Ortiza, który jest tam od 18 lat. Sam budynek jest ponury i zakazany, przeraża i hipnotyzuje Drogo w równym stopniu. Drogo zgłasza się do Mattiego, dowódcy fortu, ale jest tak zastraszony przez otoczenie, że prosi o natychmiastowe przeniesienie. Musi jednak odczekać cztery miesiące, zanim otrzyma zaświadczenie lekarskie, które pozwoli mu opuścić fort. A jednak, gdy tylko Drogo je otrzymuje, wciąż odkłada decyzję na następny dzień, aż w końcu spędza całe życie w forcie, czekając na atak. Kiedy ten atak w końcu następuje, zostaje ewakuowany z powodu choroby.

Pierwszego wieczoru Drogo zakrada się na wały, teren niedostępny, ponieważ chce spojrzeć na pustynię, gdzie, jak twierdzą niektórzy żołnierze, od czasu do czasu można dostrzec dymiący wulkan i białe wieże wyłaniające się z mgły na północy. Młody człowiek czuje się związany z tym krajobrazem, mimo że jest on dla niego głęboko przygnębiający.

Dwa dni później rozpoczyna swoją pierwszą zmianę na warcie u boku sierżanta-majora Tronka, który spędził w forcie 22 lata i żyje w ciągłym strachu przed atakiem wroga. To wzmacnia pragnienie Drogo, by odejść. Podczas nocnej warty, w trakcie której oficerowie stawiają sobie za punkt honoru czuwanie, zasypia: "tej właśnie nocy czas zaczął mu umykać nie do przypomnienia" (s. 51).

Kilka dni później Drogo udaje się z wizytą do Prosdocimo, który od 15 lat jest krawcem pułkowym i który twierdzi, że lada dzień opuści fort. Radzi porucznikowi, by nie szedł za przykładem innych oficerów, którzy są tam od lat i których życie pochłania oczekiwanie na hipotetyczną inwazję. Drogo jest jednak przekonany, że opuści fort za cztery miesiące.

Chwilę później wraz z kolegami świętuje odejście Lagorio po dwóch latach służby. Lagorio bezskutecznie próbuje namówić swojego przyjaciela Angustina, który kwalifikuje się do wyjazdu z nim. Angustin odmawia, bo za wszelką cenę chce walczyć z Tatarami. Na próżno będzie czekał, gdyż dwa lata później umrze.

Giovanni, który przybył do fortu jesienią, ze zdziwieniem zauważa, że nadeszła już zima. W lutym idzie po ważne zaświadczenie lekarskie, ale patrząc na pustynię z okna, postanawia zostać. W forcie wpada w wygodną rutynę i każdego dnia gratuluje sobie decyzji, którą uważa za jedynie odłożoną w czasie.

Dwa lata później "wydawało się, że egzystencja Drogo zatrzymała się w miejscu" (s. 86). Wydaje się, że nie rejestruje upływu czasu, choć zdaje sobie sprawę, że nie jest już młodym człowiekiem. Ma dziwny sen, w którym widzi duchy niosące młodego Angustyna spokojnie do śmierci.

Podczas jednej z nocnych wacht porucznik zauważa na horyzoncie czarny kształt. Jest jednocześnie przerażony i zadowolony, że wreszcie coś się dzieje. Okazuje się, że jest to koń, który nie należy do fortu. Na jego poszukiwanie wyrusza nieostrożny żołnierz Lazzari, ale zostaje zastrzelony przez wartownika, gdy próbuje ponownie wejść do fortu, bo choć wartownik go rozpoznaje, Lazzari nie zna hasła, a wartownik ściśle przestrzega zasad. Tajemniczy koń znika, a wszyscy mężczyźni mają cichą nadzieję, że jest to znak wydarzenia, które ma wkrótce nadejść.

Następnego dnia żołnierze dostrzegają coś, co ich zdaniem jest armią maszerującą przez pustynię w ich kierunku. Chociaż wiadomość ta wywołuje wielkie poruszenie wśród pozostałych żołnierzy, pułkownik Filimore nie wierzy już w inwazję Tatarów, ponieważ czekał na nią zbyt długo. W związku z tym wkrótce dowiaduje się, że są to jedynie oddziały z Północnego Królestwa, które zostały wysłane z pokojową misją oznaczenia odcinka granicy, czego dowódca fortu zaniedbywał przez lata.

W związku z tym, oddział ludzi zostaje wysłany wzdłuż granicy, aby pokonać wojska z Północnego Królestwa, ale po wyczerpującym marszu przez burzę śnieżną, aby wspiąć się na górę, są poddani ironii, znajdując oficerów z Północnego Królestwa już na pozycjach. Wyczerpująca wędrówka odbiła się na wątłym Angustynie, który zgłosił się na ochotnika do wyprawy, i tej nocy umiera z wyczerpania. Jego towarzysze zazdroszczą mu, że umarł śmiercią żołnierza.

Drogo jest w forcie od czterech lat i obserwuje nieubłaganą zmianę pór roku. Ortiz, który stał się jego najlepszym przyjacielem, radzi mu, by wyjechał, póki jest jeszcze młody, gdyż jest mało prawdopodobne, by Tatarzy kiedykolwiek przybyli. On sam nigdy nie skorzystał z tej szansy, gdy mu ją zaproponowano z powodu braku ambicji. Jak wszyscy żołnierze w forcie w tym czy innym czasie, Drogo ma ponowny przypływ pragnienia, aby odejść, ale wierzy, że w wieku 25 lat ma mnóstwo czasu.

Wraca do domu na przepustkę i na próżno próbuje się cieszyć, ale nie czuje żadnych emocji, gdy spotyka się ze starym przyjacielem, i choć tęskni za tym światem, wydaje mu się on teraz obcy. Jego matka nalega, by poprosił o miejscową posadę, ale jego akta mają niski priorytet i Drogo kończy z powrotem na drodze do fortu, tak jak cztery lata wcześniej, prawie zadowolony z powrotu do rutyny, nawet jeśli pyta, czy to naprawdę może być jego los, by żyć tak miernym życiem. Bezsensowny, zniszczony fort, którego garnizon został zredukowany o połowę, napełnia go jednak "przeczuciami, których nie da się wyrazić słowami" (s. 190).

Wielu oficerów, którzy odsiedzieli swoje, decyduje się na wyjazd, a czas, który spędzili w oczekiwaniu na atak Tatarów, uważają za zwykłe odciągnięcie od nudy. W kolejnych tygodniach Drogo waha się między chęcią rezygnacji z komisariatu a pragnieniem pozostania w forcie nieco dłużej, tym bardziej, gdy wydaje mu się, że dostrzegł budowaną na pustyni drogę. Dowódca zabrania jednak żołnierzom jej zbadania, mając świeżo w pamięci poprzednie rozczarowanie. Tylko Drogo pozostaje czujny.

Budowa drogi zostaje zakończona 15 lat później i umożliwia wrogowi podejście do fortu. Drogo został teraz kapitanem, ale "czas przemknął tak szybko, że jego serce nie miało szansy się zestarzeć" (s. 225). Uświadamia sobie, że minęło całe pokolenie, gdy odprowadza do fortu młodego oficera, tak jak przed laty odprowadzał go Ortiz. Ortiz odchodzi na emeryturę i radzi Drogo, który mówi, że chce zrezygnować, aby poczekał na wojnę, która teraz wydaje się być na poważnie.

Jednak lata mijają, a nadzieja zaczyna słabnąć. Drogo, który jest teraz drugim dowódcą, ma 54 lata i cierpi na niewydolność wątroby, ale odmawia opuszczenia fortu. Przykuty do łóżka, myśli, że jest prawie wyleczony, gdy stary Prosdocimo przychodzi poinformować go o zbliżających się batalionów wroga. Wychodząc z sypialni, dowiaduje się, że nadciągają posiłki i że fort został postawiony w stan najwyższej gotowości, i zdaje sobie sprawę, że inwazja jest nieuchronna. Mimo jego protestów, naczelny dowódca każe mu się ewakuować, by uniknąć bitwy. Opuszcza fort w swoistym oszołomieniu, przechodząc obok żołnierzy, którzy przygotowują się do bitwy, podczas gdy on "schodził na niesławną równinę" (s. 258), z kolejną bitwą, na której wygranie nie może mieć nadziei.

Tego wieczoru zatrzymuje się w gospodzie, gdy myśl o śmierci nagle przechodzi mu przez głowę: stawienie czoła temu ostatecznemu wrogowi, samemu, we wspólnej sypialni, wydaje mu się zadaniem znacznie trudniejszym, ale ostatecznie bardziej ambitnym, niż ryzykowanie życia na wojnie, w otoczeniu kolegów żołnierzy. Drzwi jego sypialni delikatnie się otwierają, a Drogo prostuje swój mundur i uśmiecha się do obecności śmierci, czując, jak gromadzi się wokół niego.

STUDIUM POSTACI

GIOVANNI DROGO

Na początku opowieści ma 25 lat i nigdy nie jest opisany fizycznie. Giovanni cieszy się, że opuszcza nudną akademię wojskową, w której ukończył studia, i jest podekscytowany rozpoczęciem życia. Jego pierwsze, długo oczekiwane oddelegowanie w stopniu porucznika, do Fortu Bastiani, napełnia go nadzieją: "teraz był oficerem i miałby pieniądze, ładne kobiety być może patrzyłyby na niego […]" (s. 2).

Jednak już od pierwszych stron książki ogarnia go głęboka melancholia, a Fort Bastiani i otaczające go tereny budzą w nim zarówno niewytłumaczalny pociąg, jak i głęboką odrazę. Ten wstręt wielokrotnie napełnia go pragnieniem powrotu do życia w cywilu. Mimo to spędza 30 lat w tym tajemniczym miejscu, awansując w szeregach wojskowych i przyzwyczajając się do rutyny, która staje się dla niego wielkim źródłem komfortu, ponieważ on i wszyscy jego koledzy żołnierze oczekują na wydarzenie, które nada ich obecności w forcie cel i sens: straszną inwazję Tatarów, która ma nadejść w każdej chwili, ale nigdy nie następuje.

KAPITAN ORTIZ

Pierwszy żołnierz stacjonujący w forcie, którego spotyka Drogo, kapitan to "mężczyzna po czterdziestce, a może starszy, o szczupłej, arystokratycznej twarzy" (s. 10). W trakcie opowieści między nim a Drogo nawiązuje się silna przyjaźń. Bardzo wcześnie Ortiz radzi Drogo, by opuścił fort "póki jeszcze jest czas" (s. 158). Mówi, że początkowo sam miał ochotę poprosić o przeniesienie, ale w końcu zrezygnował z powodu braku ambicji. Pod koniec powieści przechodzi na emeryturę, rozczarowany i świadomy, że mniej więcej zmarnował swoje życie.

PORUCZNIK ANGUSTYN

Należy do kręgu bliskich przyjaciół Drogo. Wyrafinowany, chorowity arystokrata, bywa celem kpin swoich przełożonych ze względu na okazjonalnie źle ulokowaną dumę ze swojego wyglądu. Kiedy ma szansę na przeniesienie, odmawia opuszczenia fortu, gdyż chce walczyć z Tatarami. Zgłasza się na ochotnika do wyprawy, by oznaczyć granicę, co kosztuje go życie z powodu wyczerpania i ran, jakie odnosi od butów, które są zupełnie nieodpowiednie do wyczerpującej wędrówki. Drogo ma też przeczucie swojej śmierci w dziwnym śnie.

SIERŻANT-MAJOR TRONK

Tronk jest "mały i chudy, z twarzą starca i ogoloną głową" (s. 41), rzadko się odzywa i nie utrzymuje kontaktów towarzyskich z innymi. Jest uosobieniem wąsko myślącego wojskowego, który przysięga na zasady i niezmiennie się ich trzyma. Nigdy, z żadnego powodu, nie odbiega od swoich skrupulatnych nawyków i nie waha się zastrzelić jednego z żołnierzy z fortu, mimo że go rozpoznał, gdy ten nie podał hasła, by wrócić do środka.

ANALIZA

POWIEŚĆ ALEGORYCZNA

Alegoria to technika, która wykorzystuje postać, przedmiot lub konkretne działanie do wyjaśnienia koncepcji, idei lub abstrakcyjnego pojęcia (dobro, zło, wojna, śmierć itp.). Alegorie są wykorzystywane w wielu dziedzinach sztuki, takich jak malarstwo; na przykład w słynnym obrazie Eugène'a Delacroix (1798-1863) *Liberty Leading the People*, centralna postać kobieca reprezentuje pojęcie wolności. Stosowanie alegorii jest powszechne w literaturze i sięga średniowiecza, zwłaszcza w poemacie *Guillaume de Dole*. Inne ważne przykłady to XVII-wieczna powieść pasterska *L'Astrée* Honoré d'Urfé (pisarz francuski, 1567-1625), a także nowsze dzieła, takie jak *Proces* Kafki (pisarz urodzony w Pradze, 1883-1924), *Czarodziejska góra* Tomasza Manna (pisarz niemiecki, 1875-1955) i *Przeciwny brzeg* Juliena Gracqa (pisarz francuski, 1910-2007), który również koncentruje się na podobnym temacie, co *Pustynia Tatarów*. W pewnym sensie głównym celem czytelnika podczas czytania powieści alegorycznej powinno być odkrycie ukrytego, symbolicznego znaczenia fabuły, struktury, scenerii lub postaci.

Pustynię Tatarów można uznać za powieść alegoryczną, bo choć historia ma jedno znaczenie, które łatwo zrozumieć (młody oficer zostaje wysłany do odległego fortu), to przy głębszej analizie ujawnia się także drugie, głębsze znaczenie. Pod tą monotonną opowieścią, w której tak naprawdę nie

ma żadnego rozwoju ani zwrotu akcji, kryje się drugie znaczenie, które nagle staje się dostrzegalne, gdy Drogo wyrusza
w swoją pierwszą podróż w kierunku cytadeli. Aby rozgryźć
intencje autora i zrozumieć jego przesłanie, czytelnik musi
przeprowadzić swoiste ćwiczenie z substytucji, zastanawia-
jąc się, jakie mogłoby być alegoryczne znaczenie każdego
aspektu opowieści: na przykład, jakie jest znaczenie ponu-
rego krajobrazu, bezcelowej wędrówki oficera, który nie znaj-
duje nikogo, kto mógłby go poinformować o dokładnej
lokalizacji fortu, monotonnego życia, które prowadzi tam w
dalszej części książki, a nawet jego niezdecydowania między
walczącymi pragnieniami pozostania i odejścia?

GŁÓWNY TEMAT: CZAS

Właściwie każdy aspekt *Pustyni Tatarów* wskazuje na pojęcie
czasu, który jest podstawowym wymiarem ludzkiej egzystencji; wszystko ma na celu podkreślenie nieubłaganego upływu
czasu, a także daremności prób nadania sensu egzystencji
bohaterów poprzez wypatrywanie hipotetycznego nadejścia
Tatarów, których ostatnia inwazja nabrała charakteru zagu-
bionego w cieniu czasu mitu. Mimo to jest to ulubiony temat
rozmów żołnierzy, a większość z nich odmawia opuszczenia
fortu, czekając na bitwę, która nada sens ich obecności w tak
zniszczonym, zapomnianym miejscu, które jest tu wykorzy-
stane jako metafora ludzkiej egzystencji.

Tematy czasu i śmierci są ze sobą nierozerwalnie związane:
czekając na Tatarów, żołnierze wiedzą, że jeśli będą walczyć,
będą musieli spojrzeć śmierci w twarz. W związku z tym
Buzzati zdaje się czynić z niej cel i ostateczną nadzieję istnienia. Losy głównego bohatera wyraźnie ilustrują, jak Tatarzy i

śmierć są ze sobą splecione (zresztą w mitologii greckiej Tartar to najgłębsza jama w Hadesie, czyli Piekle): Porucznik Drogo ciężko zachorował, gdy jego cel jest wreszcie w zasięgu ręki (gdy przybywają najeźdźcy, na których czekał od 30 lat), i umiera samotnie w gospodzie, do której został ewakuowany.

Każdy aspekt powieści symbolizuje czas, który nigdy nie wydaje się upływać, ale który jednak nieuchronnie zmierza ku końcowi:

- Fort Bastiani. Jego mieszkańcy nie zauważają upływu czasu, co jednak nie przeszkadza im w jego upływie. Wszystko to, co dzieje się w twierdzy, stwarza iluzję niezmiennej teraźniejszości: życie wojskowe jest ściśle uregulowane, a Tronk pilnuje, by wszystkie zasady były skrupulatnie przestrzegane (zmiana warty, rozkłady jazdy, umundurowanie żołnierzy, regularna zmiana hasła wstępu do fortu, mimo że nikt obcy nigdy się do niego nie zapuszcza). Poza obowiązkami wojskowymi żołnierze oddają się przyjemnym rozrywkom: jedzą smaczne posiłki w mesie, a wieczorami grają w karty lub czytają. W ten sposób czas płynie niezauważalnie i bez zwracania na niego uwagi, jak cysterna z wodą i krany, które ciągle przeciekają, a nikt nigdy nie myśli o ich naprawie. Niezmienny rytm przemijających pór roku, który widać z okien, jeszcze bardziej wzmacnia to wrażenie niekończącego się cyklu.

- Pustynia. Opisana jest jako rozległa, kamienista przestrzeń, która ciągnie się jak okiem sięgnąć, miejsce nieruchome, niezmienne, sięgające po horyzont, nad którym w każdej chwili mogą pojawić się Tatarzy, symbolizujący śmierć. Spowija ją wieczna mgła, którą znudzeni żołnierze wykorzystują jako źródło rozrywki, wyławiając w niej fantastyczne kształty. Również czas wydaje się tam stać w miejscu, w tym przypadku z powodu braku ruchu, co sprawia, że Drogo ma wrażenie, że jego życie ciągnie się przed nim w nieskończoność.

- Droga. Symbolizuje powolne zmierzanie do celu, a także powolny upływ czasu. Drogi, które podejmują bohaterowie są zawsze trudne i nierówne (na przykład ścieżka, którą Drogo podejmuje, aby dotrzeć do fortu, lub strome wzgórze, które żołnierze podejmują na szczyt góry, aby oznaczyć granicę) i spowalniają ich postęp, ale nigdy nie zatrzymują go całkowicie. Podobnie Tatarzy budują drogę przez pustynię, którą muszą pokonać, aby dotrzeć do Fortu Bastiani, a budowa trwa 15 długich lat.

- Postacie. Są bardzo słabo wypełnione, brakuje im zwyczajowej głębi postaci w większości powieści. Buzzati nie dostarcza nam więcej szczegółów na ich temat niż jest to absolutnie konieczne. W związku z tym pojawiają się krótkie opisy fizyczne i, co naturalne, autor podkreśla oznaki starzenia się: siwiejące włosy, obwisłe talie itp. W ich rozmowach często pojawia się wzmianka o tym, ile czasu spędzili w forcie, co często jest bardzo długim okresem, lub też omawiają konflikt pomiędzy chęcią wyjazdu a nadzieją na ujrzenie wreszcie Tatarów. Tylko ci, którzy decydują się odejść, póki mają szansę, którzy zdołają wyrwać się z apatii i poszukać bardziej sensownej egzystencji, przyznają, że mit o Tatarach był jedynie sposobem na uniknięcie nudy.

- Struktura książki. Już sama struktura książki jest echem uczucia, że czas stoi w miejscu, nawet jeśli prowadzi ku zakończeniu. 30 rozdziałów jest krótkich i wszystkie są tej samej długości. Autor dokonuje również porównań między życiem bohaterów a aktem czytania: "Odwraca się kolejna strona, mijają miesiące i lata" (s. 236). Co więcej, nagły zryw akcji w Forcie Bastiani, kiedy wydaje się, że zbliża się atak wroga, ma miejsce w połowie powieści, co sprawia, że czytelnik myśli, że znaczące wydarzenie w końcu będzie miało miejsce i wpłynie na drugą połowę historii, w ten sam sposób, w jaki żołnierze są przekonani, że wielki dzień w końcu nadszedł.

ATMOSFERA JAK ZE SNU

Każda powieść alegoryczna musi dostarczyć czytelnikowi wskazówek, które pozwolą mu rozszyfrować jej podstawowe znaczenie. Można w tym celu wykorzystać elementy symbolizmu, takie jak wymienione powyżej, a także pominąć szczegóły, które osadziłyby powieść w rzeczywistości, co służy podkreśleniu jej metaforycznego i uniwersalnego charakteru. Buzzati wykorzystuje tę technikę, zwłaszcza lokując Fort Bastiani w nieidentyfikowalnym obszarze zwanym jedynie "Królestwem" lub "Północą", co przypomina elementy chrześcijańskiej symboliki związanej ze światem ciemności. Co więcej, nikt w okolicy nie wydaje się być świadomy istnienia fortu, gdy Drogo gubi się podczas swojej pierwszej podróży do fortu i pyta o drogę. Kiedy w końcu pojawia się w zasięgu wzroku, ma całkowicie marzycielski wygląd: stoi samotnie na jałowym płaskowyżu, "nie był w żadnym sensie piękny, ani malowniczy [...] nie było ani jednej rzeczy, która by rekompensowała jego nagość [...] a jednak [...] Drogo patrzył na niego jak zahipnotyzowany i niewytłumaczalne uczucie podniecenia wstąpiło w jego serce" (s. 19). W istocie fort wywołuje u Drogo dziwne halucynacje w dniu, w którym po raz pierwszy wyjeżdża z niego na przepustkę: wydaje mu się, że widzi, jak jego wieże wzbijają się nagle w niebo. Nigdy też nie potrafi wyartykułować, co sprawia, że niestrudzenie kontempluje otaczający go krajobraz, jałowy i opustoszały, z ciekawymi sylwetkami wygasłych wulkanów i białymi wieżami, które czasem wyłaniają się z mgły jak miraże. Również wnętrze fortu wydaje się być jak ze snu – jest coś koszmarnego w zimnych, ciemnych, wilgotnych schodach.

Wreszcie duże znaczenie ma sen, który Drogo ma na początku pobytu: z zazdrością obserwuje, jak beznamiętny Angustyn jest odprowadzany na śmierć, a wszystko to dzieje się we wspaniałym pałacu, który mógłby być przeciwieństwem złowrogiego Fortu Bastiani.

DALSZA REFLEKSJA

KILKA PYTAŃ DO PRZEMYŚLENIA...

- W jakich aspektach można uznać tę powieść za alegorię? Do jakiej abstrakcyjnej idei Buzzati chce skłonić czytelnika?

- Prześledź podróż porucznika Drogo. Jak ewoluuje jego zachowanie?

- Rozważ specyficzne cechy scenerii przestrzennej i czasowej. W jaki sposób są one dostosowane do celów autora?

- Tatarzy nigdy nie pojawiają się w opowieści. W jaki sposób odgrywają oni jednak kluczową rolę w powieści?

- Porównaj *Pustynię Tatarów* z *Przeciwległym Brzegiem* autorstwa Juliena Gracqa.

- Jak senna atmosfera powieści wzmacnia jej alegoryczny charakter?

- Drogo dwukrotnie powraca do świata "poniżej". Jak można interpretować jego reakcje podczas pobytu tam?

- Czy powiedziałbyś, że Drogo zmarnował swoje życie? Czy Twoim zdaniem był szczęśliwy? W jakich aspektach zakończenie jest dla niego tragiczne?

DALSZE CZYTANIE

WYDANIE REFERENCYJNE

Buzzati, D. (2007) *Pustynia Tatarów*. Tłum. Hood, S. C. Edinburgh: Canongate.

Chcemy usłyszeć od Ciebie, co się dzieje!
Zostaw komentarz na temat swojej internetowej biblioteki
i podziel się swoimi ulubionymi książkami w mediach społecznościowych!

Wydawca zapewnia o wiarygodności publikowanych informacji, co jednak nie może wiązać się z jego odpowiedzialnością.

www.50minutes.com

Master ISBN: 9782808694995
Papierowy ISBN: 9782808616393
Depozyt prawny: D/2023/12603/1919

Verhaal: © Primento

Projekt cyfrowy: Primento, cyfrowy partner wydawców.